AF250732

L 97
Lm 11
2G025

UN MOT

SUR

M. DE FOS

PAR

A. BARDOUX

Extrait des Mémoires de l'Académie de Clermont-Ferrand.

CLERMONT-FERRAND

FERDINAND THIBAUD, IMPRIM.-LIBRAIRE

Rue Saint-Genès, 8-10.

1870.

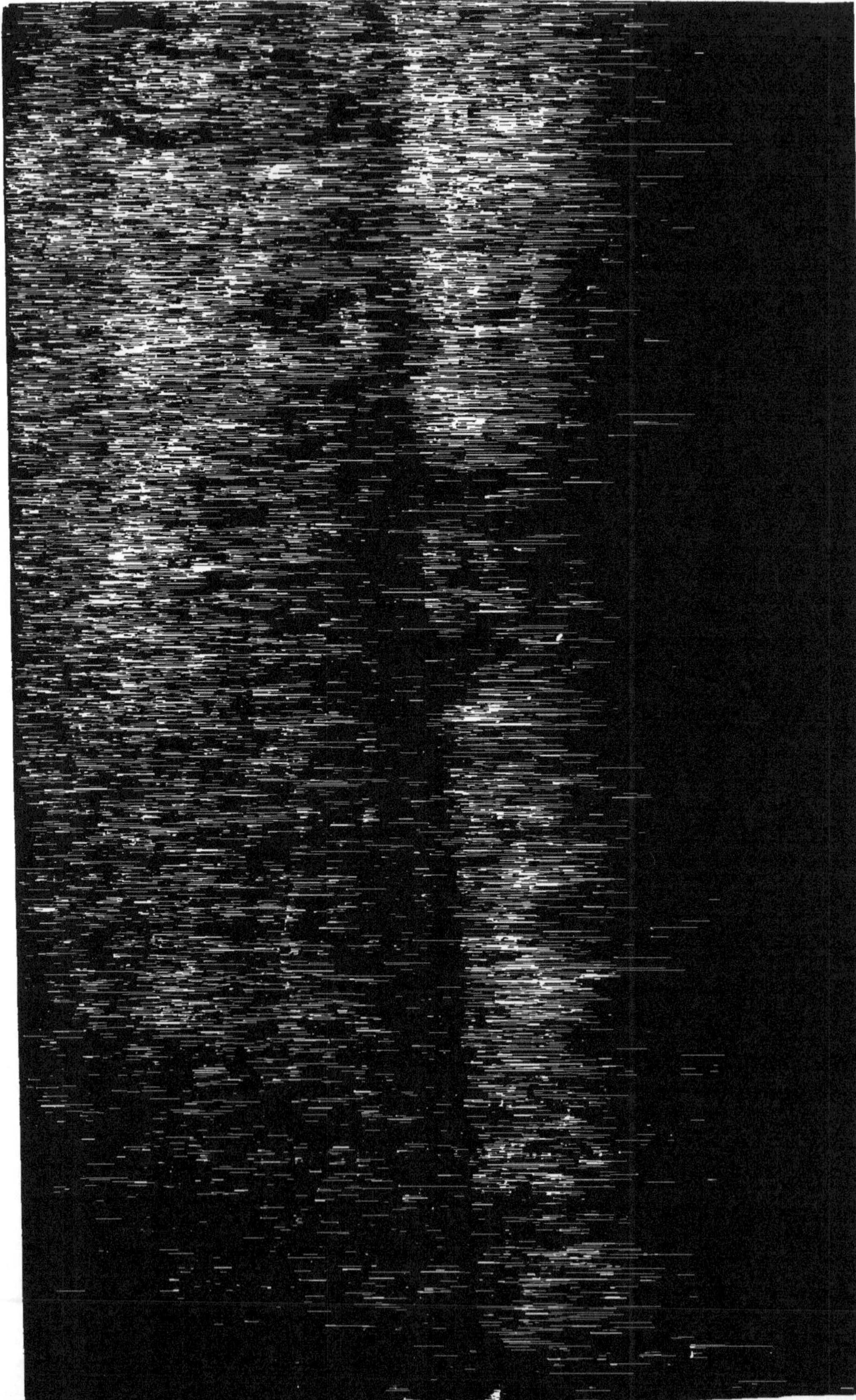

UN MOT SUR M. DE FOS

BIBLIOTHÈQUE NATIONALE — R.F. — IMPRIMÉS.

Être soi-même, avoir sa physionomie particulière, son tour d'esprit, repousser, en tout et comme d'instinct, les côtés vulgaires et médiocres, sans rechercher pourtant l'excentricité, tel doit être l'homme éclairé.

M. de Fos, que l'Académie de Clermont a perdu, et qui s'honorait de lui appartenir, avait ce mérite rare d'être quelqu'un.

Il était né en plein Paris, boulevard Saint-Martin, le 7 frimaire an VI (27 novembre 1797); et il garda toujours l'empreinte de sa double origine parisienne et bourgeoise. Ses parents lui donnèrent une solide éducation. Elève distingué de l'institution Favard, il suivit les cours du collége Charlemagne alors que le jeune Villemain, presque son condisciple, s'asseyait, avant l'âge de 20 ans, dans la chaire de Luce de Lancival.

Lauréat au grand concours de l'Université, M. de Fos se ressentit toute sa vie de l'heureuse influence de ses fortes études classiques, et nous ne nous étonnerons pas que plus tard, dans ses heures de loisir, il se soit essayé à traduire en vers les *petits poètes* de l'antiquité grecque.

Après avoir hésité sur le choix d'une carrière, après ces inévitables tâtonnements où le caractère se dessine, il résolut de se fixer à Paris. Deux sentiments l'y déterminèrent, son devoir de fils et son penchant, que dis-je? sa passion pour les livres.

Quel attrait du reste offraient à une âme bien née, ces admirables années de la Restauration! Est-il besoin e le redire?

Entendre à la tribune M. de Serre, le général Foy ou M. Royer-Collard ! Assister à une leçon de Cousin ou de M. Guizot ; contempler les premiers tableaux d'Ingres, de Delacroix, d'Ary Scheffer, de Delaroche ! Lire à leur apparition les méditations poétiques, les odes et ballades, les Orientales ! Etre enfin des premières batailles d'Hernani !

Nous comprenons que M. de Fos parlât encore avec émotion, à 70 ans, de ce temps-là. — Comme du consulat de Plancus, dont se souvenait Horace, il en garda toujours au cœur une secrète flamme.

Le 1er octobre 1816, M. de Fos entra comme surnuméraire au ministère de la maison du Roi. — Il y resta dix ans. — On peut le suivre dans cette période de sa vie. — Un de ses camarades, un de nos honorables collègues, dont je ne lirai pas la lettre émue, vous la raconterait au besoin, si nous n'avions pas un témoin plus fidèle encore.

Avec des habitudes d'ordre minutieux, M. de Fos inscrivait ses dépenses comme un commerçant ; et il nous a été permis de parcourir ces feuilles jaunies. — Son existence cachée et honnête s'y déroule jour par jour, rapide comme un songe.

L'achat des livres y tient la première place. — Que de mauvais dîners M. de Fos a faits pour un Elzevir, pour un Alde, pour un Barbou ! Pour une reliure aux armes de Groslier, pour une édition des Fermiers-généraux, que de déjeûners au pain sec !

O joies intimes du bibliophile, qui vous décrira ?

Sur ses modestes appointements, le pauvre employé percevait plus que la dîme pour le libraire.

Il était devenu sous-chef à l'administration des forêts de la Couronne, lorsque le 28 septembre 1828, il épousa Mademoiselle Nazo de Saint-Paul.

Une vieille amitié datant de l'émigration, unissait l'oncle de la jeune femme, M. de Labordère, au duc d'Orléans. — Celui qui devait être Louis-Philippe, la princesse Adélaïde, sa sœur, et le duc de Chartres signèrent le contrat de mariage. Marie-Amélie donnait le trousseau. — Deux ans après, M. de

Fos était directeur du personnel à l'administration forestière de la liste civile.

Dans cette position élevée, bon pour ses subordonnés, il les aidait souvent de sa bourse. Il allait même jusqu'à prévoir leurs aptitudes, si bien que, grâce à sa bienveillance, un expéditionnaire sous ses ordres, M. Desmares, a pu devenir le premier oculiste de Paris. M. de Fos, d'ordinaire si clairvoyant, fermait les yeux sur les absences de son jeune auxiliaire. Il n'en émargeait pas moins au budget.

M. de Fos remplit ces hautes fonctions jusqu'en 1848. Ce furent les meilleures années de sa vie. Il n'eût pas été homme de cœur s'il eût oublié ceux qui, dans leur royale prospérité, avaient su délicatement s'associer à son bonheur domestique.

Quelles que soient nos opinions politiques, sachons toujours respecter les âmes, pour qui la reconnaissance envers les vaincus, bien loin de se cacher et de s'éteindre, ne fait que s'accroître avec les années d'exil. Tous les sentiments nobles et désintéressés, ne devraient avoir qu'un seul et même drapeau.

La révolution de Février en plaçant dans le domaine de l'État, les forêts de la Couronne, brisa la carrière de M. de Fos. Son humeur sereine et enjouée n'en reçut aucune atteinte.

Sans fortune, sans espoir de pension de retraite, il dut à la bienveillance de M. Passy d'entrer au ministère des finances. Les exigences du moment ne permirent de le placer que comme sous-chef de deuxième classe. Mais son expérience l'appela à un rapide avancement ; et le 22 mai 1854, il était chef de bureau à la direction générale des forêts.

La retraite vint le surprendre dans ce poste en 1859. Il quitta alors Paris pour l'Auvergne, et c'est par cette dernière partie de sa vie qu'il nous appartient.

M. de Fos était d'un âge avancé lorsqu'il vint habiter Clermont ; mais jamais vieillesse fut-elle plus jeune et plus allègre ? Ce n'est pas lui qui se serait écrié : *A quoi bon ?* ou : *Il est trop tard.*

Comme M. de Lacretelle, il eût volontiers dit aux jeunes gens désabusés et mélancoliques : *Donnez-moi vos vingt ans ;*

si vous n'en faites rien. Il savait que le secret pour ne pas vieillir, était d'apprendre toujours quelque chose et d'aimer toujours autour de soi.

Ce n'est pas lui non plus qui aurait consenti à garder son âme *en dedans,* sauf à regarder par la fenêtre le bruit des passants, sans s'intéresser à eux. Il évitait l'écueil de tous les gens très-spirituels, la sécheresse et l'absence d'enthousiasme.

Les loisirs le ramenèrent complétement à ses études de jeunesse. Il se remit au travail, et le poids lui en semblait léger. C'étaient des roses.

Il y a, en effet, dans le royaume des lettres, beaucoup de provinces : **M.** de Fos avait choisi celle du bel esprit.

Il avait ce qui constituait jadis un poète agréable, ce mélange de facilité, de fantaisie et de joyeuseté, cette adresse à trousser lestement en vers une épigramme ou un madrigal. Il avait surtout à un haut degré le sentiment littéraire.

Ne l'a pas qui veut ! L'effort et la mémoire ne le donnent pas toujours.

Comprendre la grâce et la beauté ? Sentir ce qu'il y a de divin dans l'art, la poésie et l'éloquence ! S'enfermer tout un soir pour relire une idylle de Théocrite, quelques vers de Virgile, une scène de Shakespeare, une page de Bossuet, un poëme de Byron ! Et trouver dans cette lecture solitaire des émotions profondes, discrètes et toujours nouvelles ! Non, non, la volonté, toute puissante qu'elle soit, ne suffit pas toujours à les donner.

M. de Fos était lettré plutôt qu'érudit, et plus spirituel que poète : malgré ces lacunes, il ne cessa jamais d'avoir l'intelligence haute, ouverte aux idées, et d'estimer avant tout dans l'écrivain, la sincérité et l'honnêteté de la plume.

S'il a beaucoup plus imité et traduit que créé, il a su mettre partout son empreinte élégante, son humeur gauloise, et un don plus rare, le naturel.

Il laisse beaucoup de vers inédits dont il a tiré deux *fascicules* distribués à des amis, *douze portraits de femmes* et une traduction de quelques fables attribuées à un auteur arabe. Par le procédé de composition, par la langue, sa poésie nous ramène à l'époque qui précéda l'école romantique ; celle des Delille et des Lebrun.

Le seul livre que M. de Fos ait publié et dont il corrigeait les épreuves presque au moment où il nous a été enlevé, n'a paru que depuis un mois à peine.

Amateur des curiosités et raretés bibliographiques, ne dédaignant pas, en théorie du moins, la science épicurienne des Grimod de la Reynière et des Brillat Savarin, il a recueilli, classé et mis en vers tous les apophthegmes des gourmets, et tous les axiomes de l'art culinaire. S'adressant à une classe d'amateurs, ceux qui préfèrent en général les *bons morceaux* de table aux *beaux morceaux* de littérature, il leur a, sous le titre de *Gastronomiana*, présenté, suivant son expression, un plat dont il *a épicé la sauce*. Sans faillir aux conditions du genre, l'auteur excelle à mettre en relief le mot de la fin, et sans tomber dans la trivialité, il sait être gai et de galante compagnie.

C'est un de ces petits livres qui auraient fait pâmer d'aise nos bons aïeux, vertueux sans pruderie, un de ces livres qu'ils auraient lu tout haut (après le coucher des enfants). A l'inverse des dîners de gourmets, les pièces les plus courtes y sont les meilleures.

Dédiés à Charles Monselet, ces vers d'une tournure accorte et dégagée, d'une langue claire, naturelle et facile, auront certainement plus de succès que l'œuvre capitale à laquelle M. de Fos attachait tant de prix, sa traduction de l'Anthologie, résultat de vingt années de labeurs.

Qui connaît aujourd'hui cet assortiment de fleurs poétiques, d'épigrammes et d'inscriptions, ces courtes élégies de Léonidas de Tarente et de Méléagre, exquises pour des délicats et des connaisseurs, ces milles riens, éclos au souffle de l'inspiration de poètes grecs inconnus ?

M. de Fos était bien doué pour goûter ces frêles chefs-d'œuvre ; mais que d'efforts et de patience il fallait, pour nous les rendre avec relief et nous faire savourer la goutte de parfum sans briser le fragile cristal qui l'enferme !

Nous n'avons pas lu tous ces vingt mille vers, mais qu'il nous soit permis de manifester le regret que de pareilles richesses littéraires restent enfouies.

L'Académie s'associera, sans doute, à ce regret, quand elle aura entendu quelques fragments.

Epitaphe d'un buveur.

Cigît qui but à tasse pleine,
Aimant le vin, haïssant l'eau :
De peur de réveiller sa haine,
Ne pleurez pas sur son tombeau !

L'avare Hermon.

L'avare Hermon, dans son conseil,
Crut faire une forte dépense ;
Pour s'en passer, à son réveil
Il dresse aussitôt sa potence.

ou bien :

En songe, Hermon se crut prodigue, — de dépit
Hermon, à son réveil, aussitôt se pendit.

A une vieille coquette. (LUCIEN.)

Tu peux déguiser tes cheveux,
Mais non déguiser ta vieillesse,
Ni rendre à ton visage creux
Les traits fleuris de la jeunesse.
En te faisant de faux appas,
Tu prends une inutile peine ;
Couleurs et fard ne peuvent pas
Transformer Hécule en Hélène.

Sur la mort d'une jeune fille.

Trois Grâces étaient autrefois ;
La quatrième fut Lesbie,

> Mais las ! elle a perdu la vie ,
> Et l'on n'en compte encor que trois.

M. de Fos retouchait encore cette œuvre préférée, quand la maladie le cloua sur son fauteuil. A mesure que ses forces physiques diminuaient, son âme montait; et comme dit Vauvenargues, tôt ou tard on ne jouit que des âmes.

Les livres, ces compagnons que le temps ne change pas, ces amis qui restent quand s'envolent avec la santé, les vastes pensées et les longues espérances, les livres qui avaient appris à M. de Fos à bien vivre, l'aidèrent à mourir.

Dans ses heures de recueillement, il s'était convaincu que, malgré toutes ses défaillances, l'homme n'est pas une créature misérable, venue au hasard, pour souffrir un instant et s'anéantir à jamais.

C'est dans ces sentiments élevés que M. de Fos, après de longues souffrances subies, avec un courage simple et presque souriant, s'éteignit en juillet dernier.

Si nous voulions en quelques traits esquisser l'image de cet aimable vieillard, avant que son nom ne réveille chez la plupart qu'un vague écho, nous dirions que M. de Fos était fait pour vivre un siècle avant le nôtre.

La société moderne, à la fois défiante et affairée, et même dans ses parties supérieures, plus savante que lettrée, n'apprécie plus ces causeurs pénétrants et fins, ces *dilettanti* à la recherche d'un bon mot ou d'une spirituelle anecdote, ces gais mondains, bienveillants envers la jeunesse, ces amateurs littéraires qu'une épître ou un sonnet ravissent.

Aujourd'hui, pour abandonner ses affaires, ses plaisirs, ou même son indifférence, quelques strophes bien tournées n'auraient plus assez d'attrait.

M. de Fos eût été à sa place en 1760, dans un de ces salons à la mode, où, tout en s'accoudant à la cheminée, ou bien en jouant avec ses manchettes de dentelle, ou, mieux encore, en savourant un grain de tabac d'Espagne, chacun venait conter d'une façon piquante la nouvelle du jour ; où l'on s'extasiait sur la dernière comédie de Marivaux et sur un billet de Voltaire, dans ce milieu de familiarité décente, de légère ironie, où l'on savait tout dire en effleurant, où se déployaient sans pédantisme nos qualités prime-sautières.

Sans appartenir par aucun bout, à la coterie de d'Holbach ou d'Helvétius, il eût été de ces hommes modestes de qui Montesquieu écrivait : *Ils font* le charme de ce qui les entoure ; *ils croient qu'ils n'ont rien*, *et moi* je dis qu'ils ont *tout.*

Avoir été digne de figurer dans ce monde distingué, qui devait, en présence de l'échafaud, montrer tant de dédaigneuse insouciance, n'est pas, ce nous semble, un médiocre éloge.

Dans cette grande et rapide transformation qui s'opère sous nos yeux, sans qu'il soit permis encore d'en mesurer toute l'influence sur les lettres, bien des qualités délicates, charmantes et superflues, se sont comme repliées. Elles ont disparu avec le loisir et le désintéressement.

Saluons du moins d'un dernier et affectueux regard les représentants d'un autre âge ; et souvenons-nous, avant d'être oubliés nous-mêmes, que ce sont précisément ces esprits légers, aimables et fins qui ont fait aimer la France, et ont formé l'originalité et la grâce de sa littérature.

Agénor **BARDOUX**.

Décembre 1869.

CLERMONT, TYP. FERD. THIBAUD.

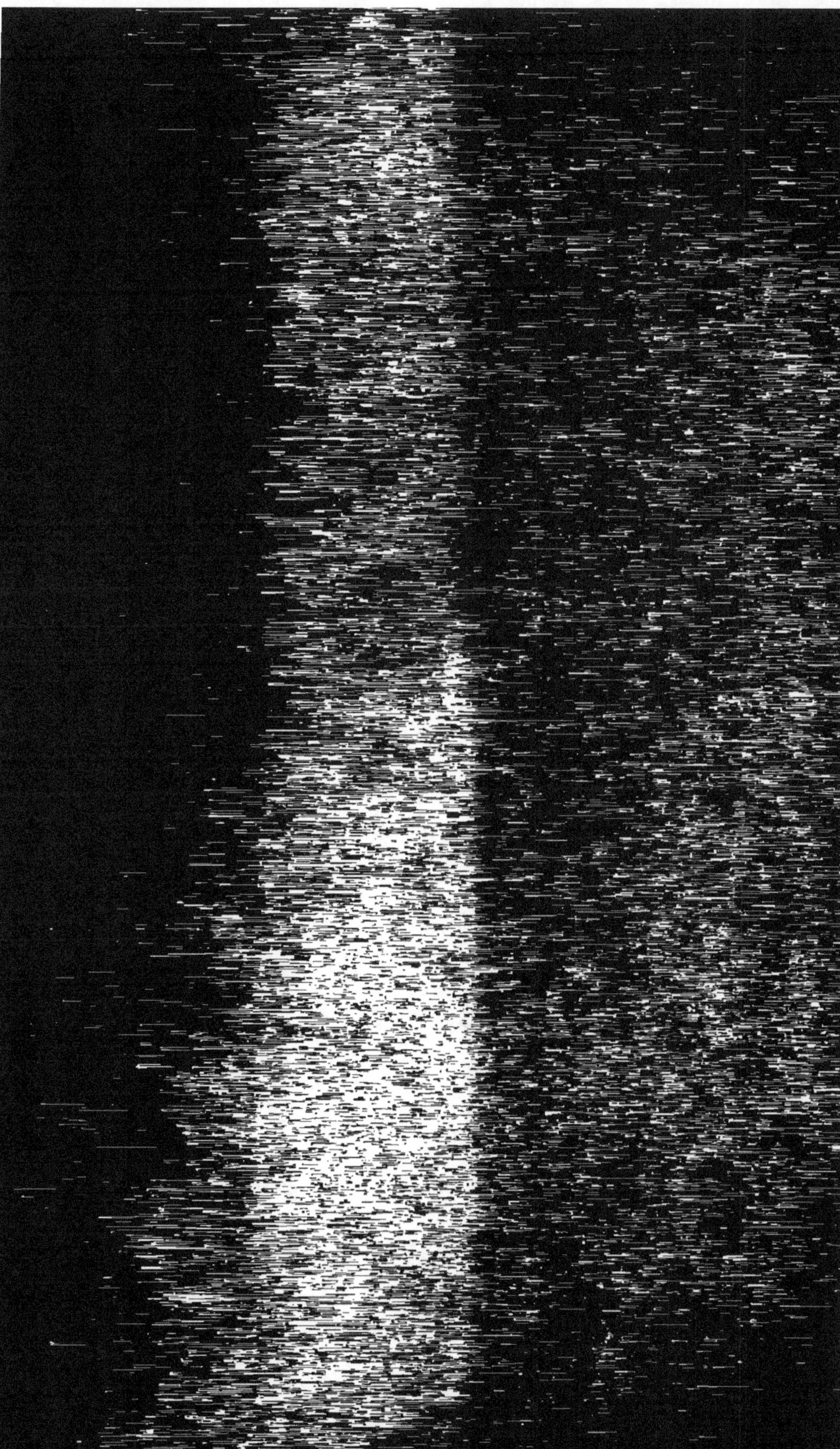

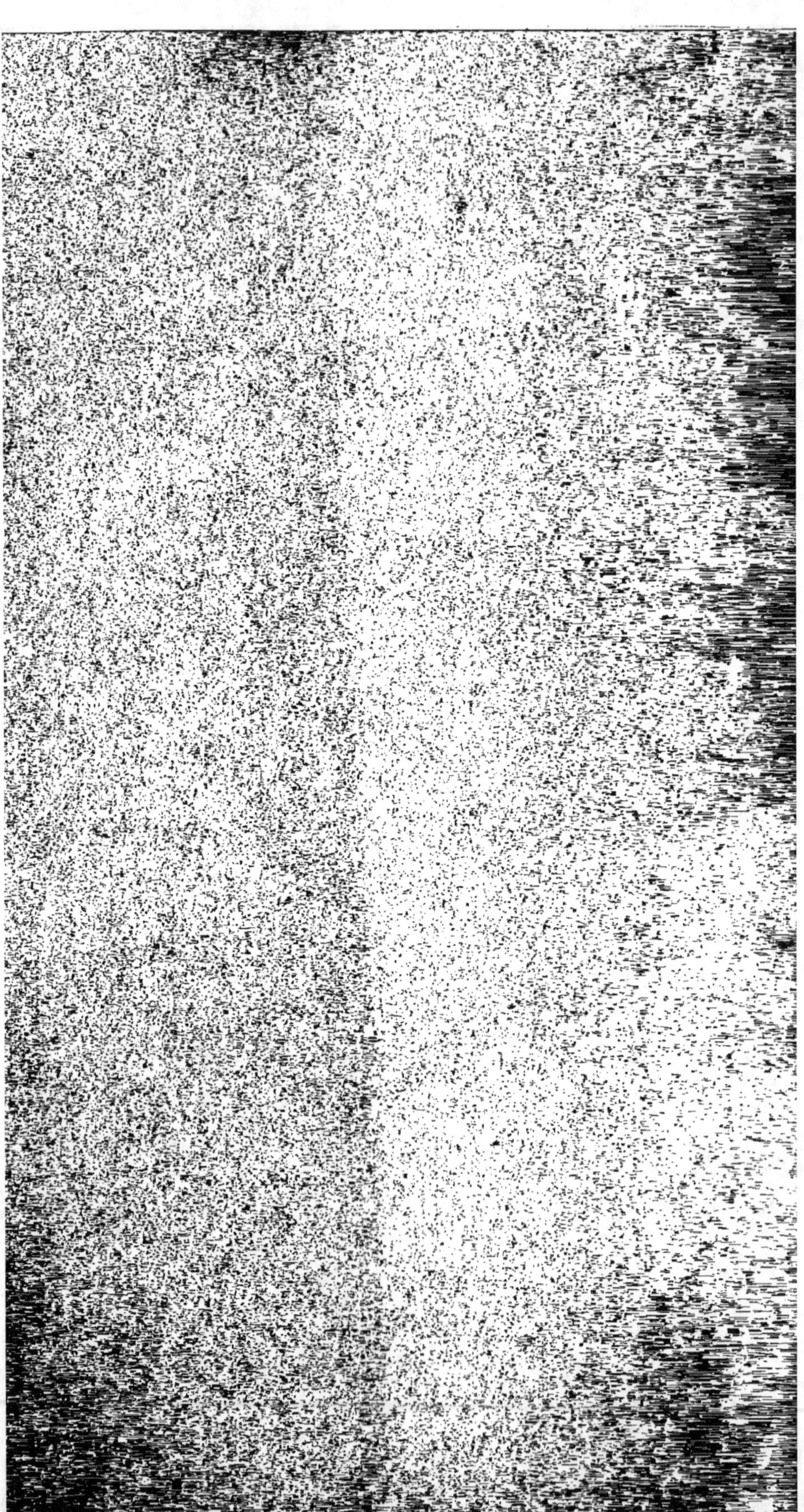

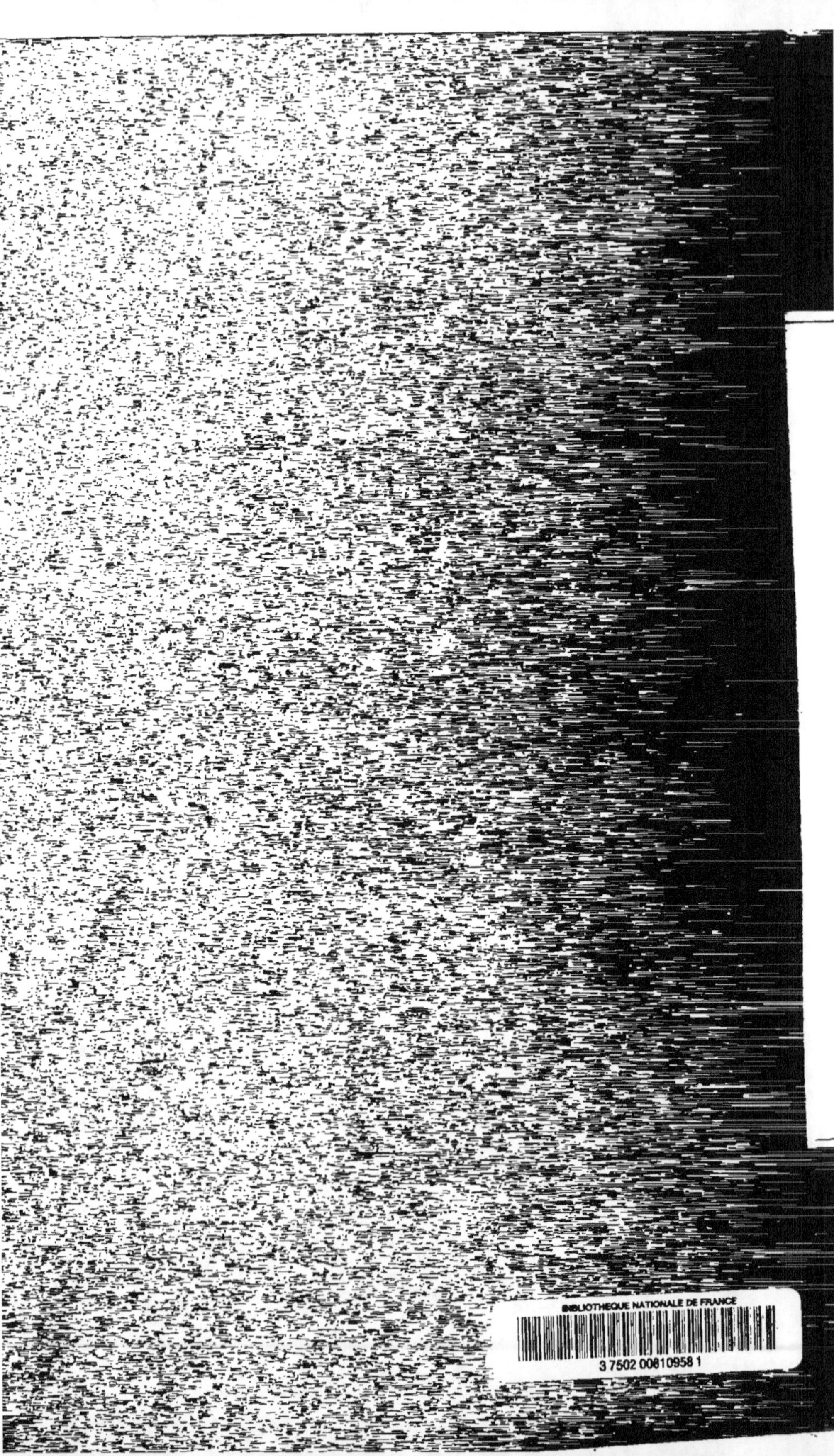
BIBLIOTHEQUE NATIONALE DE FRANCE

3 7502 0081095 8 1

www.ingramcontent.com/pod-product-compliance
Lightning Source LLC
Chambersburg PA
CBHW051450060726
47596CB00006B/2701

9 782012 960596